THÈSE

DE

LICENCE.

ACTE PUBLIC

POUR

LA LICENCE

En exécution de l'Article 4, Titre 2, de la Loi du 22 Ventôse an XII.

SOUTENU

Par M. BERTRAND (Pierre),

Né à Bouloc (Haute-Garonne).

TOULOUSE,

Typographie Troyes OUVRIERS RÉUNIS,
Rue Saint-Pantaléon, 3.

1858.

PARENTIBUS.

AMICIS.

Jus Romanum.

Commodati vel contrà.

Dig. Lib. XIII, Tit. VI. — Inst. Just. Lib. III, Tit. XIV, § 2.

Plurimis diversisque modis contrahitur obligatio ; aliquando enim dominium, aliquando modicum jus utendi, aliquando pignus, ali- quando custodiam re transtuleris. Ex jure utendi de quo nobis tantum sermo est, contractus oritur qui commodatum vocatur, duasque actiones, alia quæ directa, alia quæ contraria dicitur, parturit. Commodatum ergo contractum, quo aliquis alicui gratuito rem utendam similemque et eamdem restituendam tradit, egregie dixeris. Longe autem aliud est ac mutuum, quia ex mutuo pretium est quod a commodato abest. Imo dominium rem tranferenti continuitur et ob id eadem illi restituenda est, ita ut, si fortuito casu veluti ruinâ, vel incendio, vel latronum hostiumve incursu, absque culpa accipientis illa perierit, domino perit ; nulla autem accipienti obligatio perstat.

Quoniam pupillum absque auctoritate tutoris obligari minime licet, commodati actione ille non tenetur. Tenetur solùm quanto locupletior factus erit; tunc enim datur adversus illum utilis commodati actio. Res plane sana et tota restitui debet; si enim aliter agatur, non ipsa propric res restitueretur in illo casu damnum ex tempore rei judicandæ debetur.

Mutuum autem qui accepit rei acceptæ dominium obtinuit similiumque pondere, mensurâ, qualitate, non jam certi corporis debitor factus est, et quanquam fortuito casu rem acceptam amiserit, non liberatur.

Quamvis quædam sit inter depositum et commodatum similitudo, hæc tamen nonnullis distant. Liberalis enim ille est in commodato qui dat, in deposito qui accipit.

Præcipuum est ad commodatum ut pretium absit, si quidlibet pretium esset, non jam commodatum sed locatio foret contractus.

Ex eò quòd commodato rei dominium non transfertur, quod etiam rem alienam quam possidemus, possumus commodare consequitur, ita ut et si fur vel prædo commodaverit, habeat commodati actionem.

Si quis quidquam commodato dare velit, ut sese obligare possit necesse est, si tamen commodaverit, res nutu restituenda est, et datur actio ut illam obtineat, non datur autem adversus illum. Nec non ipse qui rem utendam accepit, illius accipiendæ capax esse debet. Sed mihi videtur quatenus locupletior pupillus factus sit, dandam utilem commodati actionem.

Quoniam uno accipienti quidquam ex commodato utile oritur, non solùm quantam suis rebus, sed exactam diligentiam et custodiam adhibere debet, ita ut negligentia vel levissima in culpâ venit, sed propter majorem vim, majoresve casus non tenetur si modo non hujus ipsius culpâ is casus intervenerit.

Si autem imminente periculo, veluti ruinâ, vel incendio, tuam rem salvam facere malueris alienamque neglexeris, aut si ad alium usum rem adhibueris, veluti si peregrè tecum abstuleris, haud dubium est quin de restituendâ eâ re tenearis. Danti verò nulla est ex contractu utilitas, ideòque tantùm graviori culpâ tenetur.

Non potest commodari id quod usu consumitur, nisi fortè ad pompam et ostentationem quis accipiat.

Is qui accepit, non aliter ac consensum est re uti debet : si tamen aliùs illa usus fuerit, non solum commodati sed etiam furti actione tenetur.

Duæ ex commodato sunt actiones, alia quæ directa, alia quæ contraria dicitur. Adversus illum qui non exactam diligentiam rei præstitit, qualem optimus pater familias suis rebus adhibet, actio commodati directa competit, ut illam restituat. Illa enim actio directa dicitur, quia statim, vix nato contractu, nascitur.

Alia autem actio adversus eum qui dedit, quæ contraria dicitur, accipienti competit. Ille enim, seu propter impensas utiles, seu propter rei traditæ vitium teneri potest; eaque actio, eo nomine vocatur, quia non statim ex nato contractu, sed perstante nata est. Actio contraria directæ obstat; quamdiu enim quidquam pro impensis debetur, rem habenti retinere licet.

Quamvis plerùmque in commodato res pereat domino, aliquandò tamen accipienti perit, et ita fit quum æstimatio rei facta est. Tunc enim apparet ut qui dedit, cujus ob culpam res perierit, inquirere noluit.

POSITIO.

Quid si res quam tibi commodavi, ad me remissa est quique missus est ad illam mihi restituendam, illam auferens effugerit. — Distinguo.

Code Napoléon.

—

Des Successions.

(Art. 718 à 814).

DISPOSITIONS GÉNÉRALES.

Le mot succéder ne doit pas être pris dans le sens large et général de sa valeur étymologique (*sub cedere* , prendre la place d'un autre), mais dans un sens technique et tout particulier, qui présente un mode spécial d'acquisition. Aussi nous définirons la succession : la transmission universelle des droits actifs et passifs d'une personne morte à une personne survivante que la loi désigne.

CHAPITRE Ier.

De l'ouverture des successions et de la saisine des héritiers.

SECTION I.

Ouverture des Successions.

A Rome, la succession *ab intestat* ne s'ouvrait qu'au moment où il devenait certain qu'il n'y avait pas d'héritier testamentaire. Or, comme il fallait que l'héritier fût au moins conçu lors de la mort du défunt, la combinaison de ces principes amenait souvent des résultats iniques ; c'est en vue de la réprobation de ces principes que la raison ne saurait consacrer, qu'a été rédigé l'art. 718, en vertu duquel les successions s'ouvrent par la mort naturelle.

Il est le plus souvent indifférent de connaître l'instant précis où une personne est morte ; quelquefois cependant il est d'une importance capitale de le connaître : c'est quand l'héritier présomptif de la personne *de cujus successione agitur* , est mort à peu près en même temps qu'elle. Il arrive, en effet, quelquefois que deux personnes appelées respectivement à se succéder périssent dans un même événement, comme un naufrage, un incendie, et qu'on ignore complétement quelle est celle qui a s rvécu à l'autre. Les art. 721 et 722 du Code Napoléon, à défaut d'indications tirées des circonstances de fait, établissent pour ce cas certaines présomptions de survie tirées de la force de l'âge et quelquefois de celles du sexe ; ces dispositions n'étant pas du fond du Droit, mais purement réglementaires, ne feront point l'objet d'un examen critique, et il nous suffira de renvoyer à la lecture du texte.

Section II.

De la saisine des héritiers.

La loi reconnaît deux grandes classes d'héritiers : 1° les héritiers parfaits, réguliers ou légitimes, et les héritiers imparfaits, ou successeurs irréguliers.

Les successions légitimes sont celles qui sont déférées aux personnes qui étaient unies au défunt par une parenté résultant du mariage. On range aussi dans cette classe les droits de succession qu'acquièrent l'adopté ou ses descendants vis-à-vis de l'adoptant, et ceux qui appartiennent en certains cas à l'adoptant ou à ses descendants vis-à-vis de l'adopté.

Les successions irrégulières sont celles qui sont déférées soit à des personnes qui n'étaient unies au défunt que par une parenté naturelle, résultant d'une naissance hors mariage, soit au conjoint survivant ou à l'Etat.

L'art. 723 appelle d'abord les héritiers légitimes, et à leur défaut les héritiers irréguliers. Cependant il ne faut pas adopter cette proposition d'une manière absolue et croire que la présence d'héritiers légitimes suffise pour exclure indifféremment toute espèce d'héritiers irréguliers : car il est constant que, malgré les termes de cet article, l'enfant naturel légalement reconnu, concourt toujours pour une part désignée par la loi, avec les héritiers légitimes même les plus favorables. Les termes de cet article ne sont vrais que lorsqu'il s'agit du conjoint survivant et de l'Etat, qui ne viennent, en effet, à une succession qu'à défaut complet d'héritiers légitimes au degré successible.

Par le fait même de la mort du *de cujus*, les héritiers deviennent immédiatement propriétaires de tous les biens qui composent la succession ; en sorte que s'ils venaient à mourir eux-mêmes, ces biens passeraient à leurs héritiers comme faisant partie de leur propre succession. Mais si deux classes d'héritiers sont sur la même ligne, sous ce rapport ; sous un autre, il y a deux différences essentielles qu'il importe de bien remarquer.

1º Les héritiers parfaits ont la saisine que les successeurs irréguliers n'ont pas ; mais aussi, 2º les premiers sont tenus de toutes les dettes du défunt *ultrà vires successionis*, ce qui n'a pas lieu pour les autres. Cela posé, reprenons avec quelques détails chacune de ces deux distinctions.

Et d'abord les héritiers légitimes ont la *saisine*, c'est-à-dire l'investiture légale et de plein droit de la possession ; de telle sorte, que par la mort du défunt, ils se trouvent être non pas seulement propriétaires, mais aussi possesseurs des biens par lui laissés. Ils peuvent donc, dès cet instant, intenter toutes actions possessoires, et toute usucapion qui courait au profit du défunt, continue de courir à leur profit sans aucune interruption.

Au contraire, les successeurs irréguliers investis par la mort du défunt de la propriété des biens, ne le sont pas de la possession, il faut qu'ils se fassent donner cette possession par la justice, ainsi que le déclare l'art. 724.

Il n'y a qu'un seul cas où l'héritier légitime ne soit pas saisi : c'est quand 1º cet héritier n'est pas réservataire, 2º que la totalité des biens lui est enlevée par un légataire universel. Dans ce cas, c'est au légataire universel que la saisine est accordée (art. 1006), en sorte qu'alors l'héritier est écarté de la possession comme de la propriété et reste complétement étranger à la succession.

Bien que l'art. 724 dise d'une manière formelle que l'enfant naturel doit se faire envoyer en possession par la justice, cela n'est vrai que tout autant qu'il est appelé à recueillir toute la succession, car différemment, lorsqu'il se trouve en présence d'un héritier légitime c'est à lui qu'il doit s'adresser pour se faire envoyer en possession, puisqu'il est saisi de plein droit. Nous indiquerons plus loin (art. 769 à 773) les formalités auxquelles les successeurs irréguliers devront se soumettre pour se faire envoyer en possession.

Le seconde différence entre l'héritier et le successeur irrégulier, c'est que le premier est tenu d'acquitter toutes les charges de la succession, alors même qu'elles dépasseraient la valeur totale des biens. L'héritier étant le représentant absolu, le continuateur pour ainsi dire de la personne du défunt, est soumis à toutes les obligations qui frappaient sur celui-ci, à l'exception seulement de celles qui sont rigoureusement exclusives à l'individu. Le successeur irrégulier, au contraire, ne représente pas, ne continue pas la personne du défunt, c'est seulement parce qn'il prend ses biens, et en vertu du principe qu'il n'y a de biens que dettes déduites, que l'obligation d'acquitter les charges lui est imposée ; aussi n'est-il tenu d'acquitter les dettes que jusqu'à concurrence de la valeur des biens.

CHAPITRE II.

Des qualités requises pour succéder.

Pour succéder à une personne, il faut être *capable* de recueillir sa succession , et n'en être pas *indigne*. L'incapacité, en effet, empêche le droit de naître, l'indignité l'empêche de se conserver

Section Ire.

De la capacité.

L'art. 725 nous fait connaître les conditions requises pour succéder à une personne morte *ab intestat*. Il faut avoir l'existence naturelle et l'existence civile. L'existence naturelle suffit , maintenant que la mort civile a été abolie par la loi du 31 mai 1854. Il faut avoir, disons-nous, l'existence naturelle, c'est-à-dire qu'il faut au moins être conçu lors : du décès de la personne *de cujus successione agitur*; et encore la conception ne suffira-t-elle que sous la condition que l'enfant naîtra ensuite vivant et viable.

L'art. 726 n'accordait aux étrangers le droit de succéder, ainsi que les autres droits civils, que sous la condition de réciprocité de nation à nation admise par les traités. Mais cette règle est aujourd'hui abrogée en ce qui touche le droit de recueillir par succession (et aussi par donation et testament, par la loi du 14 juillet 1819. Toutefois, la réciprocité existe encore de personne à personne pour chaque succession particulière. Ainsi quand il s'ouvre une succession comprenant des biens en France et à l'étranger et à laquelle sont appelés simultanément des héritiers étrangers et français, ceux-ci, s'ils sont exclus par la loi étrangère de tout ou de partie des biens étrangers, excluent à leur tour leurs cohéritiers étrangers, d'une portion des biens français égale en valeur aux biens étrangers dont on les écarte.

Section II.

De l'indignité.

L'art. 727 énumère trois causes d'indignité que nous allons examiner successivement. Sont indignes de succéder et comme tels exclus des successions :

1o Celui qui a été condamné comme meurtrier, pour avoir donné ou tenté de donner la mort au défunt. Si l'héritier avait donné la mort pendant un accès de folie, ou par imprudence, ou dans un cas de légitime défense, il ne serait pas exclu comme indigne; si même il mourait pendant le débat judiciaire, et avant que la condamnation fût prononcée, l'indignité ne serait pas encourue. Du reste, ce n'est pas l'exécution de la peine, mais bien la condamnation qui produit l'indignité; il s'ensuit que la grâce ou la commutation de la peine, non plus que la prescription de cette peine, ne sauraient prévenir ni faire disparaître la qualité d'indigne. Au surplus, la condamnation comme complice du meurtre produirait les mêmes effets qu'une condamnation comme auteur principal de ce crime ;

2º « Celui qui a porté contre le défunt une accusation capitale jugée calomnieuse. » L'accusation n'appartient qu'au ministère public ; aussi par ces mots, *accusation capitale*, devons-nous entendre une dénonciation tendant à faire prononcer contre la personne une peine telle que la mort , les travaux forcés à perpétuité, la déportation. Que si la dénonciation a été faite et reconnue ensuite mal fondée par l'acquittement de l'accusé , il faut que cet accusé poursuive et fasse condamner l'héritier comme dénonciateur calomnieux ;

3º « L'héritier majeur qui , instruit du meurtre du défunt, ne l'aura pas dénoncé à la justice. » Toutefois, il n'est pas nécessaire que la majorité et la connaissance du meurtre aient existé dès l'ouverture de la succession ; il suffit qu'elles se soient réalisées à une époque où il était temps encore de faire poursuivre le crime.

Comme la loi pourtant ne veut et ne doit point faire violence aux sentiments de la nature, le défaut de dénonciation ne peut être opposé aux parents en ligne directe du meurtrier , ni à ses parents en ligne collatérale jusqu'au troisième degré inclusivement. (Art. 728).

L'indignité ne s'encourt jamais de plein droit , elle ne peut résulter que d'un jugement exprès rendu contre l'héritier , et comme il s'agit d'une peine, ce n'est que lui présent ou du moins dûment appelé que ce jugement peut la prononcer.

L'héritier exclu de la succession pour cause d'indignité , est tenu de rendre tous les fruits et les revenus dont il a eu la jouissance depuis l'ouverture de la succession (729). De ce principe il résulte naturellement que les obligations dont l'indigne était tenu envers le défunt, renaissent contre lui , au profit de la succession , comme aussi les créances qu'il avait contre le défunt renaissent pour lui contre la succession.

Enfin l'art. 730 nous dit d'une manière formelle que les biens dont l'indigne est exclu sont recueillis par les enfants mineurs qui viennent de leur chef et que l'indigne ne pourrait pas même réclamer sur eux son droit d'usufruit légal. Mais rien ne s'oppose à ce que l'indigne recueille plus tard dans la succession , soit de ses enfants , soit de tous autres parents, les biens provenus d'abord de celui envers lequel il avait encouru l'indignité. S'il en était autrement, on violerait d'une manière flagrante le principe de l'art. 722 qui ne veut pas que pour l'attribution des successions , on aille rechercher la nature, ni l'origine des biens.

CHAPITRE III.

Des divers ordres de succession.

SECTION Ire.

Dispositions générales.

Les parents légitimes d'un défunt jusqu'au douzième degré, ne viennent pas tous concurremment à sa succession , ils sont classés dans quatre ordres dont chacun n'est appelé qu'à défaut de tout parent de l'ordre précédent. Avant d'indiquer ces quatre ordres d'héritiers, présentons quelques notions générales relatives à la parenté , à ses lignes et degrés.

On appelle parents légitimes les personnes qui descendent l'une de l'autre ou d'un auteur commun par légitimes mariages. — La proximité de parenté s'établit par le nombre de générations; chaque génération s'appelle un degré. En ligne directe, c'est-à-dire entre les personnes qui descendent l'une de l'autre , on compte autant de degrés qu'il y a de générations; ainsi le fils est à l'égard du père au premier degré , les petit-fils au second et réciproquement.

En ligne collatérale, les degrés se comptent par les générations; depuis l'un des parents , jusques et non compris l'auteur commun , et depuis celui-ci jusqu'à l'autre parent : ainsi deux frères sont au second degré,

l'oncle et le neveu au troisième degré , les cousins germains au qua-
trième et ainsi de suite.

On appelle *parents paternels* d'une personne , son père , et tous ceux
qui tiennent à elle par ce père ; parents maternels, sa mère et ceux qui
tiennent à elle par cette mère ; ceux qui se rattachent à elle par son
père et par sa mère, et qui sont dès lors parents paternels et maternels
tout ensemble, sont dits parents *germains*. Quand il s'agit de frères
ou sœurs, les paternels se disent plus spécialement consanguins ; et les
maternels utérins.

Section II.

De la représentation.

La loi appelle *représentation* une fiction par laquelle elle fait revivre
un défunt en la personne de son enfant; en sorte que celui-ci se trouve
reporté dans le degré de son père , et vient exercer dans la succession
les droits que ce père exercerait lui-même s'il vivait encore (739). Le
représentant devant occuper ainsi la place du représenté, il faut que
celui-ci soit mort lors de l'ouverture de la succession (744). Puisqu'on
ne peut représenter la personne qui était vivante lors de l'ouverture
de la succession on ne représentera donc ni celui qui a renoncé à cette
succession , ni celui qui en a été exclu comme indigne. Mais le renonçant peut très bien représenter celui à la succession duquel il a renoncé,
comme aussi l'indigne pourra représenter celui de la succession duquel
il a été exclu (744).

Au reste , la représentation n'est pas admise en faveur de tous parents ; elle ne l'est que pour les descendants soit d'un enfant , soit d'un
frère ou d'une sœur du défunt. Mais elle l'est pour eux à l'infini, c'est-
à-dire que l'enfant peut représenter son père, et par lui son aïeul , et
par l'aïeul son bisaïeul et ainsi de suite. (Art. 741 , 742).

La fiction dont il s'agit mettant les représentants à la place du représenté et ne leur donnant que les droits qu'il aurait lui-même s'il vivait, il s'ensuit que dans le concours de ces représentants avec d'autres héritiers venant, soit par représentation également, soit de leur chef, le partage des biens doit se faire, non par têtes mais par souches , c'est-à-dire en ne comptant jamais que pour un les représentants d'une même personne (743).

Section III

Des successions déférées aux descendants.

La loi appelle à une succession, en premier ordre, les descendants du défunt. En effet , les descendants d'une personne, à quelque degré qu'ils soient, sont appelés à lui succéder avant tous autres parents, soit de leur chef, soit par représentation, et sauf l'effet de la représentation , ils partagent par portions égales, sans distinction de sexe ni de primogéniture, encore qu'ils soient issus de différents mariages.

Section IV.

Des successions des freres et sœurs et descendants d'eux, concurremment avec le père et la mère.

A défaut de descendants, la succession passe aux frères et sœurs du défunt ou à leurs descendants (ces derniers venant, soit de leur chef , soit par représentation) et tout ensemble à ses père et mères ; les frères et sœurs ou leurs descendants prennent alors moitié et les père et mère l'autre moitié, chacun un quart. Si le père seul ou la mère seule vient à la succession , il n'a toujours qu'un quart , et les collatéraux privilégiés prennent les trois autres quarts ; que si ni le père , ni la mère ne succèdent, les collatéraux prennent la totalité. Et ce que nous disons de plusieurs collatéraux privilégiés a également lieu pour un seul , quel qu'il soit , c'est-à-dire, alors même qu'il ne viendrait que de son chef à un degré très éloigné, et qu'il ne serait parent du défunt que dans une seule ligne (748 à 751).

Lorsqu'il y a plusieurs collatéraux privilégiés et que tous sont parents du défunt dans les deux lignes à la fois, ou tous dans la même ligne , la moitié , les trois quarts ou la totalité auxquels ils ont droit , selon les cas , se partagent immédiatement entre eux, soit par têtes , si tous viennent de leur chef , soit par souches , si tous ou plusieurs viennent par représentation. Mais , si tous ne sont pas de la même qualité , la masse à laquelle ils sont appelés , se divise en deux parts égales , une pour chacune des lignes paternelle et maternelle : ainsi , on appelle à l'une les consanguins avec les germains , à l'autre ces mêmes germains avec les utérins (752).

Section V.

Des successions déférées aux ascendants.

§ 1. — Lorsqu'il n'existe ni descendants , ni frères, ni sœurs ou descendants d'eux , la succession se divise en deux parts , moitié pour les ascendauts de la ligne paternelle et moitié pour ceux de la ligne maternelle. Dans chaque ligne , l'ascendant le plus proche exclut le plus éloigné et les ascendants au même degré partagent par têtes.

S'il n'existe point d'ascendants dans une ligne , la moitié affectée à cette ligne est dévolue aux simples collatéraux , à l'exclusion des ascendants de l'autre ligne ; seulement le **père** ou la mère survivant à l'usufruit du tiers de cette moitié dévolue aux simples collatéraux. Les ascendants d'une ligne ne recueillent la totalité de la succession qu'autant qu'il n'y a pas de parents successibles dans l'autre ligne.

§ 2. — Les ascendants jouissent en outre d'un droit de succession anomale , appelé *droit de retour légal* , pour lequel ils sont préférés aux frères et sœurs ou descendants d'eux. Ainsi, ils succèdent , *à l'exclusion de tous autres*, aux choses pas eux données à leurs enfants ou descendants décédés sans postérité, lorsque ces objets se retrouvent en nature dans la succession : Si les objets ont été aliénés, les ascendants recueillent le prix qui peut en être dû. Ils succèdent aussi à l'action en reprise que pouvait avoir le donataire, par exemple, à une faculté de rachat.

SECTION VI.

Des successions déférées aux simples collatéraux.

A défaut de postérité de frères et sœurs ou descendants d'eux et d'ascendans, la succession est dévolue aux simples collatéraux, moitié à ceux de la ligne paternelle, moitié à ceux de la ligne maternelle? Dans chaque ligne, le parent le plus proche exclut le plus éloigné, et les parents au même degré succèdent par tête.

Les collatéraux d'une ligne n'ont droit à la totalité d'une succession qu'autant qu'il n'existe point de parents au degré successible dans l'autre ligne.

Le droit de succession ne s'exerce que jusqu'au douzième degré inclusivement.

CHAPITRE IV.

Des successions irrégulières.

Lorsqu'il n'existe point de parents au degré succesible, la succession est dévolue aux enfants naturels légalement reconnus; à défaut d'enfants naturels, au conjoint survivant; enfin, à défaut de conjoint survivant, à l'État.

Ces divers successeurs qui ne sont jamais héritiers, et qui par suite n'ont point la saisine, doivent commencer par faire apposer les scellés,

3

dont la levée devra être suivie d'un inventaire. Ils doivent ensuite demander au tribunal, dans l'arrondissement duquel la succession est ouverte, un envoi en possession, qui ne peut être prononcé qu'après des publications et affiches destinées à avertir les successeurs plus proches, et sur les conclusions du ministère public. Ils sont tenus aussi, ou bien de faire vendre le mobilier pour faire emploi du prix en provenant, et des capitaux trouvés dans la succession, ou bien de fournir une caution suffisante pour assurer la restitution possible de ce mobilier et de ces capitaux. Cet emploi ou cette caution ne sont exigés que pour trois années. Toutefois l'enfant naturel n'est soumis à ces formalités que quand il vient à la succession entière, à défaut de parents légitimes. Quand il concourt avec des parents légitimes, il n'a qu'à former vis-à-vis d'eux une demande en délivrance, qui n'est autre chose qu'une demande en partage de la succession.

Alors même, en effet, qu'il existe des parents au degré successible, l'enfant naturel légalement reconnu, et en cas de prédécès ses enfants ou descendants, ont droit à une quotité de biens, plus ou moins considérable, suivant la qualité des héritiers légitimes. Si le père ou la mère ont laissé des descendants légitimes, ce droit est seulement d'un tiers de la portion héréditaire que l'enfant naturel aurait eue s'il eût été légitime: il est de la moitié, lorsque le père ou la mère ne laissent que des ascendants ou des collatéraux privilégiés; enfin il est des trois quarts, s'ils ne laissent que des parents plus éloignés.

Dans l'intérêt de l'enfant naturel, aussi bien que des enfants légitimes, il peut intervenir entre le père ou la mère et son enfant naturel une convention qui réduise l'enfant à la moitié qu'il aurait dû avoir; cette convention est valable, pourvu que l'enfant, lors de la convention, ait reçu cette moitié, ou du moins une partie notable de cette moitié, sauf dans ce dernier cas à la parfaire au décès de l'auteur. Si l'enfant n'avait rien reçu du vivant de son auteur, ou s'il n'avait reçu qu'une portion minime de la moitié à laquelle on peut le réduire, la convention serait nulle pour le tout. Serait nulle également la renonciation que l'enfant ferait au complément de sa moitié ; mais cette nullité, bien entendu , n'entraînerait pas celle de la convention principale (761).

D'un autre côté, quand un enfant naturel décède sans postérité , la succession est dévolue au père ou à la mère qui l'a reconnu ou par moitié à tous les deux , s'il a été reconnu par l'un et par l'autre. En cas de prédécès du père ou de la mère , leurs enfants légitimes reprennent, dans la succession de leur frère naturel , les biens que celui-ci aurait reçus de l'auteur commun , quand ces biens se retrouvent en nature, ou bien le prix non payé ou les actions en reprise de ceux de ces biens qui ont été aliénés; tous les autres biens passent aux frères et sœurs de l'enfant naturel qui sont comme lui nés hors mariage ou à leurs descendants.

Comme nous venons de le voir , la loi prend en pitié les enfants dont la naissance est due à la faiblesse ; mais elle ne devait pas mettre sur la même ligne ceux qui sont le fruit d'un crime. Les enfants qui doivent le jour à un inceste ou à un adultère sont donc écartés de toute participation à la succession de leurs auteurs. Le seul résultat que la loi attribue à la parenté adultérine ou incestueuse, lorsqu'elle se trouve constatée par la force même des choses , c'est de donner à l'enfant seulement un droit à des aliments sur la succession de ses auteurs. Ces aliments se mesurent sur les besoins de l'enfant, sur l'importance de la succession , et sur la qualité et le nombre des successeurs auxquels passent les biens. Et puisqu'ils se mesurent tout d'abord sur les besoins de l'enfant , il s'ensuit que si cet enfant n'est pas dans le besoin, parce qu'il trouve des ressources suffisantes , soit dans l'état que lui aurait procuré l'un de ses auteurs , soit dans les biens qu'il possède déjà , les aliments ne lui seront pas dus (761 , 764).

CHAPITRE V.
De l'acceptation et de la répudiation des successions.

Dispositions préliminaires.

A Rome, *l'adition d'hérédité (adire, ire ad hœreditatem)* avait pour effet de donner au successible la qualité d'héritier et de propriétaire des biens : dans notre Droit Français , au contraire, l'acceptation rend seulement irrévocable celle qualité déjà préexistante de plein droit chez le successible, par le seul fait de la mort de son auteur.

Dans les principes du Droit civil Romain, de *l'ipsum jus*, les descendants du défunt étaient ses héritiers *nécessaires* et se trouvaient soumis forcément, et malgré l'expression d'une volonté contraire, à toutes les charges de la succession. Mais plus tard, le droit prétorien les mit à l'abri de ces conséquences désastreuses, en leur accordant le *bénéfice d'abstention*, qui, tout en les laissant héritiers, mettait leurs biens personnels à l'abri de l'action des créanciers. En France, le système romain n'a pas été suivi, et notre ancienne jurisprudence proclamait la maxime : « *Nul n'est héritier qui ne veut* ».

Enfin sous le régime du Code Napoléon, qui nous régit aujourd'hui, l'acceptation d'une succession est toujours facultative pour l'héritier qui peut très bien, s'il le veut, au lieu d'accepter, se dépouiller de son titre, par une renonciation. Cette acceptation peut être faite purement et simplement, ou sous bénéfice d'inventaire.

La condition du bénéfice d'inventaire est la seule à laquelle l'acceptation puisse être soumise (774). Par exemple, on ne pourrait pas accepter, sous la condition qu'on ne sera héritier que pour une partie de la succession, ou pour un certain temps seulement : *Nemo pro parte hœres, semel hœres, semper hœres.* Ainsi dans le cas de plusieurs cohéritiers, la circonstance que la succession pourra subir un partage, n'empêche pas que la succession de chacun n'ait lieu pour le tout, le seul concours de personnes ayant des droits égaux produit alors une division de fait, qui n'empêche pas que chacun ne soit appelé à la succession entière, et ne puisse accepter dès lors que pour la succession entière.

Il suit de là, que si après l'acceptation d'un des héritiers, les autres renoncent, ou même s'ils font annuler l'acceptation qu'ils avaient faite d'abord, le premier demeure héritier pour la totalité.

Plusieurs causes permettent à un héritier de se faire restituer contre son acceptation, soit pure et simple, soit bénéficiaire.

Le majeur le peut dans deux cas, c'est : 1o quand il établit que son acceptation a été la suite d'un dol pratiqué envers lui, sans qu'il y ait à considérer par qui ce dol a été pratiqué, et s'il y a eu dol simple, ou dol par violence ; 2o quand il prouve qu'un ou plusieurs legs lui enlevant plus de la moitié de la succession, n'ont été connus de lui qu'après son acceptation.

Le mineur se trouve sur la même ligne que le majeur, du moment que son acceptation a été faite avec les formes voulues, c'est-à-dire sous bénéfice d'inventaire par le tuteur, ou avec l'assistance du curateur et après autorisation du conseil de famille. Mais si l'acceptation du mineur, ou aussi celle d'un interdit, ou d'une femme mariée avait été faite irrégulièrement, elle serait par cela seul annulable au profit de l'héritier incapable (783, 776).

Le délai pour demander la restitution est de trente ans, qui courent, soit du jour de la cessation de la violence ou de la découverte du dol, soit du jour où le testament enlevant plus de la moitié des biens, s'est trouvé connu; soit enfin dans le cas d'héritiers incapables, du jour où cesse leur incapacité. Mais il est bien clair que le droit de se faire restituer disparaîtrait, si, postérieurement à la cause qui y donne lieu, l'héritier acceptait de nouveau.

Il est inutile de dire que les créanciers d'un héritier pourraient de leur côté faire annuler l'acceptation faite par celui-ci d'une succession mauvaise, s'ils prouvaient qu'elle est faite en fraude de leurs droits.

Quand une acceptation est une fois déclarée nulle, soit sur la demande de l'héritier, soit sur la demande de ses créanciers, elle est complétement non-avenue, et avec elle disparaissent tous les actes qui en ont été la conséquence. Au reste, quand c'est contre une acceptation pure et simple, que l'héritier s'est fait restituer, il est clair qu'il conserve le droit de la remplacer par une acceptation sous bénéfice d'inventaire.

Maintenant examinons séparément les règles spéciales soit à l'acceptation pure et simple, soit à l'acceptation sous bénéfice d'inventaire.

SECTION Ire.

De l'acceptation pure et simple.

L'acceptation pure et simple est celle qui est faite absolument et sans condition. Elle impose à l'acceptant, lorsqu'il est héritier légitime, l'obligation d'acquitter, même au-delà de la valeur des biens, toutes les charges de la succession.

Il n'en est pas ainsi pour le successeur irrégulier. En effet, celui-ci n'étant pas le représentant ni le continuateur de la personne , et ne se trouvant tenu dès-lors qu'en tant qu'il succède aux biens, son obligation doit cesser quand les biens par lui recueillis sont épuisés.

L'acceptation pure et simple peut être expresse ou tacite. On entend par acceptation expresse la manifestation certaine consignée dans un acte écrit de la volonté d'agir en maître de la succession. Ainsi une déclaration , aussi explicite qu'on puisse la supposer , mais purement verbale , ne saurait la constituer.

L'acceptation tacite résulte de tous faits prouvant de la part de l'héritier, qu'il se considère comme maître des biens de la succession. On appelle ces faits *actes d'héritiers*. Ceci posé, il est clair qu'il y a acceptation tacite, acte d'héritier, dans la vente qu'un successible fait de ses droits successifs , et aussi dans la donation qu'il en ferait, puisque donner une chose c'est en disposer en maître. Et quand même l'abandon gratuit que l'héritier fait de ses droits serait par lui qualifié de renonciation, il est évident que si cette prétendue renonciation, au lieu d'être faite absolument et sans condition l'était seulement au profit de l'une ou de quelques-unes des personnes appelées par la loi, ce serait encore une donation emportant acceptation de l'hérédité. Que si enfin , la prétendue renonciation était faite, sans désignation des personnes qui doivent en recueillir le bénéfice, et de manière à profiter à tous ceux que la loi appelle, mais qu'elle n'ait lieu qu'à prix d'argent, ou sous toute autre condition onéreuse, ce serait encore un acte de disposition emportant acceptation ; ce ne serait pas une renonciation véritable.

Est encore considéré comme acceptant :

1o Celui qui recèle ou détourne des objets faisant partie de la succession, et il y a détournement de la part d'un héritier bénéficiaire qui dans l'inventaire omet sciemment un objet.

2º Le successible qui laisse passer en force de chose jugée, un jugement qui le condamne en qualité d'héritier pur et simple.

Le mineur et l'interdit ne pouvant jamais accepter que sous bénéfice d'inventaire, aucune des causes qui viennent d'être indiquées ne les rendrait héritiers purs et simples ; il pourrait seulement y avoir lieu contre eux, s'ils étaient coupables de dol, à des dommages-intérêts et à la privation de leur part dans l'objet recélé ou détourné.

Section II.

Acceptation sous bénéfice d'inventaire.

Les déclarations d'acceptation sous bénéfice d'inventaire se font au greffe du tribunal civil dans l'arrondissement duquel la succession est ouverte, sur un registre tenu à cette fin. Elles n'ont d'effet qu'autant qu'elles sont précédées ou suivies d'un inventaire régulier, fidèle et exact des biens de la succession. La loi accorde trois mois à dater de l'ouverture de la succession pour faire cet inventaire et quarante jours pour délibérer ; après ce délai, l'habile à succéder peut être poursuivi comme héritier pur et simple ; mais il peut obtenir de la justice des prorogations de délai, et, dans tous les cas, il conserve la faculté de se porter héritier bénéficiaire tant qu'il n'a pas fait acte d'héritier ou qu'il n'existe pas contre lui de jugement passé en force de chose jugée qui le condamne comme héritier pur et simple.

L'effet du bénéfice d'inventaire est de donner à l'héritier l'avantage : 1º de n'être tenu au paiement des dettes de la succession que jusqu'à concurrence de la valeur des biens qu'il a recueillis, même de pouvoir se décharger du paiement des dettes en abandonnant tous les biens de la succession aux créanciers et aux légataires ; 2º de ne pas confondre ses biens personnels avec ceux de la succession, et de conserver contre elle le droit de réclamer le paiement de ses créances.

L'héritier bénéficiaire administre les biens de la succession : il ne peut vendre les immeubles et même les meubles qui en dépendent sans formalités de justice, sous peine d'être réputé héritier pur et simple ; il est pareillement déchu du bénéfice d'inventaire, lorsqu'il s'est rendu coupable de recel ou qu'il a omis sciemment ou de mauvaise foi de comprendre dans l'inventaire des effets de la succession.

Section III.

De la renonciation aux Successions.

La renonciation à une succession, qui ne peut jamais avoir lieu avant l'ouverture de la succession, doit se faire au greffe, comme les déclarations d'acceptation sous bénéfice d'inventaire, et elle s'inscrit sur le même registre que celles-ci. Elle n'est possible que pendant trente années depuis l'ouverture de la succession ; passé ce délai, l'héritier, saisi par la mort du défunt, resterait irrévocablement héritier, sauf à invoquer le bénéfice d'inventaire.

Par l'effet de sa renonciation le successible est réputé n'avoir jamais été héritier ; et ceux qui devaient concourir avec lui ou ne venir qu'à son défaut, sont censés l'avoir été seuls dès l'ouverture de la succession. Cependant, tant que ceux-ci n'ont pas accepté, le renonçant peut, pendant trente années, à compter de l'ouverture, revenir sur sa renonciation et accepter lui-même, sauf à respecter les droits acquis à des tiers, soit par prescription, soit par des actes faits avec le curateur qui aurait été nommé.

Un héritier majeur ne pourrait faire annuler sa renonciation que dans deux cas : 1° pour violence ; 2° pour dol pratiqué envers lui par ceux qui ont profité de la renonciation. Il en est de même du mineur dont la renonciation s'est faite régulièrement.

Les créanciers de celui qui renonce à une succession avantageuse peuvent faire annuler sa renonciation, en prouvant qu'elle leur préjudicie.

Quand ces créanciers se font ainsi autoriser à accepter à la place de leur débiteur renonçant, la renonciation n'est annulée qu'au profit de ces créanciers, et jusqu'à concurrence de leurs droits, elle ne l'est pas au profit de l'héritier. En conséquence, une fois que les créances sont acquittées, l'excédant de l'actif reste aux héritiers, que la renonciation avait saisis.

L'héritier qui a diverti ou recélé quelque objet de la succession perd le droit d'y renoncer et demeure héritier pur et simple.

SECTION IV.

Des Successions vacantes.

Lorsqu'après l'expiration des délais pour faire inventaire et pour délibérer, il ne se présente personne qui réclame la succession, qu'il n'y a pas d'héritiers connus, ou que les héritiers connus y ont renoncé, cette succession est réputée vacante, et le tribunal de première instance, sur la demande des parties intéressées, ou sur la réquisition du procureur impérial, nomme un curateur pour l'administrer. Ce curateur est à peu près soumis aux mêmes formalités que l'héritier bénéficiaire, sauf quelques différences : ainsi, il est tenu de faire vendre les meubles, sans jamais pouvoir les conserver en nature ; il n'a pas le maniement des deniers, qu'il doit verser à la caisse des consignations. Les formes exigées de lui pour la vente des meubles ou des immeubles le sont à peine de nullité. Enfin, il répond, dans sa gestion, non pas seulement des fautes graves, mais de toute espèce de fautes.

Si, plus tard, il se présente des héritiers, le curateur leur rend le montant de la succession, déduction faite des dettes. S'il ne s'en présente pas, l'État recueille la succession par déshérence.

POSITION.

L'indignité est-elle encourue si l'héritier est reconnu coupable du meurtre du défunt, mais d'un meurtre que la loi déclare excusable et ne punit, en conséquence, que d'une peine correctionnelle? — Non.

Droit Commercial.

De l'échéance.

La lettre de change est faite, elle a grandi, elle a vu sa puissance grossir au moyen de toutes les signatures dont elle a été revêtue ; occupons-nous maintenant de sa réalisation.

En abordant cette matière, une importante question se présente tout d'abord : la loi laisse aux parties, en matière de créance ordinaire, toute liberté quant à l'échéance ; en est-il de même quant à la lettre de change ? Nous ne saurions adopter cette opinion, quoiqu'elle soit celle des économistes. Supposons, en effet, une lettre de change complète, sur laquelle se trouvent les signatures du tireur, du tiré et des endosseurs, tous de premier crédit ; de plus, admettons qu'elle porte intérêt ; le porteur qui a là un très-bon placement, va rester parfaitement tranquille pendant de longues années ; mais les endosseurs qui n'ont rien gagné à la négociation resteront soumis à une action en garantie indéfinie, leur crédit en souffrira. En outre, les signataires sont soumis à des mesures rigoureuses, parce que la lettre de change a été inventée pour satisfaire à des besoins urgens. Il faut donc éviter ces mesures autant que possible et admettre des principes différents à ceux reconnus en matière civile.

Peut-on faire dépendre la lettre de change d'un terme incertain ? La Cour de Cassation s'est prononcée pour la négative parce que, dit-elle, celui qui prend une lettre de change pareille ne peut certainement pas prévoir des besoins urgents pour l'époque de son échéance, qui peut être totalement inconnue. A *fortiori*, en est-il de même de la condition. Le législateur a même résolu implicitement la question, dans l'art. 129 qui indique tous les modes d'échéance, sans parler du terme incertain, ni de la condition.

L'art. 130 contient une disposition bizarre : la lettre de change à vue, dit-il, est payable à sa présentation. Pourquoi cette indication qui paraît une naïveté ? C'est qu'autrefois il n'en était pas de même sur beaucoup de places de commerce ; on donnait au tiré un délai habituellement de dix jours pour se procurer des fonds.

On dit qu'une lettre de change est à plusieurs jours de vue pour indiquer qu'elle sera payable même nombre de jours après sa présentation au tiré. Voici une difficulté qui peut se présenter sur ces lettres de change : Si l'on permet au porteur de garder la traite et qu'elle soit bien garantie, le tiré pourra bien ne pas la voir de longtemps ; mais si pendant ce temps le tireur et les endosseurs deviennent insolvables, le porteur ne devra-t-il pas être puni s'il a mis trop de négligence dans la présentation au visa ? Nous l'admettrions certainement, car le porteur, s'il était libre d'agir ainsi, porterait une trop grande atteinte aux divers signataires ; aussi l'ancienne loi avait essayé d'y porter remède, c'est ce qu'a fait aussi l'art. 160, modifié par la loi du 19 mars 1817, qui veut qu'on présente la traite dans un délai déterminé.

L'art. 131 nous dit que l'échéance d'une lettre de change à x jour, mois de vue, est fixée par la date de l'acceptation, ou par celle du protêt faute d'acceptation. Il y a une incorrection, car la date pourrait être fixée sans qu'il y eût acceptation, dans le cas où le tiré voudrait non pas l'accepter, mais la viser. On emploie alors les mots *vu sans accepter* et on signe. Il ne fait dans ce cas que constater la présentation du papier.

Dans le cas où le tiré refuse de donner son visa, on y suppléerait par un protêt faute d'acceptation ou de visa.

Des échéances à date fixe.

Nous n'avons pas grand'chose à dire des usances qui ont presque complétement disparu des habitudes commerciales. L'usance était autrefois un délai accordé d'une place sur une autre, selon les usages des pays; en France, elle est de trente jours. Comment calculerait-on l'échéance d'une lettre de change à un mois de date tirée le 31 janvier? Le principe général sur cette matière, c'est que les traites sont payables de quantième à quantième, mais il n'y a pas de quantième correspondant dans le mois où tombe l'échéance; elle aura lieu le dernier jour du mois, c'est ce qui arriverait dans notre espèce le 28 ou le 29 février. Doit-on comprendre le jour de la date où a été faite la traite dans le délai d'une lettre de change payable à un ou plusieurs jours? Non, car nous n'avons pas ici la raison vulgaire du quantième pour nous écarter des principes; mais s'il s'agissait de celle de huitaine ou de quinzaine, nous croyons que le jour sera compté; nous nous référerions encore au langage vulgaire. Il y a contradiction apparente dans ces solutions, mais au fond, elles sont logiques; c'est le langage vulgaire que nous prenons en considération, car il est l'expression de la volonté probable des parties.

L'art. 133 s'occupe des lettres de change payables en foire; autrefois ces lettres de change étaient les seules sérieuses; mais elles ont perdu aujourd'hui beaucoup de leur importance. L'échéance, dit l'article, tombe la veille de la clôture de la foire, si elle dure plusieurs jours, ou le jour même, si elle ne dure qu'un seul jour. La loi a voulu sans doute fournir au porteur le moyen d'avoir de l'argent pour faire ses affaires. C'est là une idée naturelle, mais elle est malheureusement en désaccord avec les articles 161 et 162, qui conduisent à un résultat tout opposé, puisqu'ils admettent la maxime du Droit civil, que le jour du terme est tout entier au débiteur, et dans le cas de lettre de change on ne pourrait protester que le lendemain de l'échéance. Ainsi le résultat obtenu est l'opposé de celui que voulaient atteindre les art. 131 et 161. N'y aurait-il pas moyen de concilier ces articles avec l'article 162 ? Comment établir que l'on a exigé le paiement le jour de l'échéance, comme le veut l'art. 161 ? Cela est très-important, car, en cas de faillite du tiré, on pourrait faire éprouver une perte au porteur qui n'a pas fait cette constatation. Le texte de l'art. 162 est formel ; néanmoins, il n'est conforme ni à l'esprit moderne, ni à l'esprit de la loi. Voici le moyen que nous donnerons pour les concilier : Le porteur, dirons-nous, devra exiger le paiement le jour de l'échéance et faire constater immédiatement le refus, et voilà l'article 161 appliqué ; mais s'il ne peut pas faire faire le protêt le jour même, on lui accordera le lendemain, comme jour de grâce ou de faveur. Ce système, conforme à la pratique étrangère, n'est pas admis par la pratique Française, qui donne le jour de l'échéance au tiré et laisse le porteur à sa discrétion.

Des cas de force majeure.

Supposons que le porteur ne puisse pas demander le paiement le jour de l'échéance, par suite de force majeure. Aura-t-il un recours contre le tireur et les endosseurs ? C'est là une question très-grave qui a divisé la jurisprudence moderne. Sous le premier Empire, le Conseil-d'État consulté sur cette question, ne voulut pas la résoudre. En 1830, la commission municipale de Paris releva le porteur de la déchéance encourue par suite des événements de Juillet. Il en fut de même en 1848. Ces gouvernements prirent pour raison qu'il n'y a pas obligation, lorsqu'il y a impossibilité de la remplir ; mais nous ferons remarquer d'abord que la lutte existe également entre des personnes qui veulent éviter une perte (*non certant de lucro captando, sed de damno vitando*), le porteur et les endosseurs, et ensuite qu'il ne s'agit pas ici de principes d'obligations, mais bien de ceux qui traitent de la perte de la chose ; or, il est de règle que la chose périt pour le maître : c'est cette dernière opinion qui a été adoptée dans le Nord de l'Europe. En France, au contraire, le penchant irréfléchi des gouvernements indique la volonté de relever le porteur de son obligation. Ne pourrait-on pas adopter un terme moyen et dire, lorsqu'il s'agit d'un cas où chacun doit ses soins à la chose publique, qu'on devra relever le porteur de la déchéance par lui encourue ; tandis que lorsque rien de pareil ne se présente, qu'il n'y a qu'un malheur individuel, nous adopterions la maxime : *Res perit domino*. Nous appliquerions la première solution dans le cas d'inondation, peste, choléra, lorsqu'il y a, en un mot, un fléau général, tellement manifeste qu'il suffit de l'indiquer pour que la preuve en soit faite. Dans tous les autres cas, nous adopterions le système Allemand.

Droit Administratif.

Procédure à suivre dans les demandes en décharge ou réduction de contributions directes.

La perception des contributions directes s'opère en vertu d'un rôle nominatif, dressé par l'administration des contributions directes, rendu exécutoire par le préfet, et publié dans chaque commune. : les cotes sont exigibles par douzièmes ; le percepteur en fait le recouvrement.

La perception de ces contributions peut donner lieu à des réclamations de la part des contribuables. Mais ces derniers doivent attendre l'émission du rôle pour former leur pourvoi en décharge ou en réduction. Les réclamations qu'ils pourraient faire avant cette émission seraient prématurées. Ces réclamations tombent sous le domaine du pouvoir contentieux. Ce sont les conseils de préfecture qui sont compétents pour statuer sur les pourvois en décharge ou en réduction, formés par les contribuables, relativement à leur cotisation.

Le droit à la décharge ou à la réduction peut naître de plusieurs circonstances ; ainsi, il y a lieu à décharge lorsqu'un contribuable a été taxé pour un bien ou des facultés qu'il n'a pas, ou dans une commune où il n'est ni habitant ni propriétaire ; à réduction , lorsque la cote établie dans le rôle où elle doit l'être, se trouve trop forte : l'une et l'autre sont de justice rigoureuse, et ne peuvent par conséquent être refusées quand elles sont dues.

Certaines formes spéciales sont relatives à la procédure à suivre en cette matière ; elles concernent la réclamation , l'instruction, la décision et le recours au Conseil d'Etat.

La réclamation ne se trouve pas assujettie au droit de timbre ; aussi peut-elle , lorsqu'elle a pour objet une cote moindre de trente francs , quel que soit d'ailleurs le chiffre de la réclamation elle-même, être écrite sur papier libre. La demande doit être adressée au préfet ou au sous-préfet. Le contribuable doit avoir soin d'y joindre la quittance des termes , c'est-à-dire des douzièmes échus de sa cotisation. Il ne pourrait, sous prétexte de réclamation , différer le paiement des termes qui viennent à échoir pendant le cours de l'instruction. Quant à la demande , elle doit , en vertu de l'art. 8 de la loi du 4 août 1844 , être formée dans les trois premiers mois de la publication des rôles.

La pétition est renvoyée au contrôleur des contributions directes. Ce dernier vérifie les faits , et lorsqu'il s'agit de contributions de répartition, il donne son avis, après avoir pris celui des répartiteurs. Le contrôleur envoie le tout au directeur des contributions directes. L'avis du directeur est-il qu'il y a lieu d'admettre la demande, il fait son rapport et celui-ci est transmis au conseil de préfecture. Le cas contraire a-t-il lieu , le directeur doit exprimer les motifs de son opinion, inviter le réclamant à prendre communication du dossier qu'il a transmis à la sous-préfecture et à faire connaître s'il veut fournir de nouvelles observations , ce qui doit se faire dans le délai de dix jours ; ou bien s'il veut recourir à la vérification par voie d'experts. Alors, l'expertise est-elle demandée, l'administration ne peut la refuser, le sous préfet nomme un expert, le réclamant en nomme un autre, et ces deux experts agissant de concert, procèdent à la vérification dans les formes prescrites par l'arrêté du 24 floréal an VIII. Le contrôleur assiste à la vérification, et d'après l'arrêté dont nous venons de parler , il doit joindre son avis à la rédaction du procès-verbal, destiné à constater les dires des experts. Le sous-préfet, après avoir donné lui-même son avis, envoie le tout au préfet.

Dans les trois mois qui suivent la réclamation, la décision définitive du conseil de préfecture doit être rendue.

Le recours contre l'arrêté n'est soumis qu'au droit de timbre. Le ministère d'un avocat au conseil d'Etat, n'est pas absolument nécessaire pour former ce recours ; aussi s'il ne l'est pas de cette manière, c'est par l'intermédiaire du préfet qu'il est transmis sans frais au gouvernement.

Notons bien toutefois, que le recours devant toujours, sous peine de déchéance, être déposé au secrétariat général, dans les trois mois de la notification de l'arrêté, il sera d'une prudence extrême d'user, à cause des garanties qu'il présente, du ministère d'un avocat au conseil d'Etat. Ce sera le moyen le plus sûr à employer, toutes les fois que la réclamation présentera un intérêt de quelque importance.

POSITION.

Un contribuable dont la contribution personnelle et mobilière s'élève à plus de trente francs, et qui ne réclame que relativement à la contribution mobilière montant à vingt-neuf, peut-il être admis à présenter sa pétition sur papier non timbré ? — Non.

Cette Thèse sera soutenue, en séance publique, dans une des salles de la Faculté, le 28 Décembre 1858.

Vu par le Président de la Thèse,

CHAUVEAU-ADOLPHE.

Imprimerie Troyes OUVRIERS RÉUNIS, rue Saint-Pantaléon, 3